包包只要三個就夠

定量・定色，
遇見真正喜歡的生活

Ofumi——著

邱心柔——譯

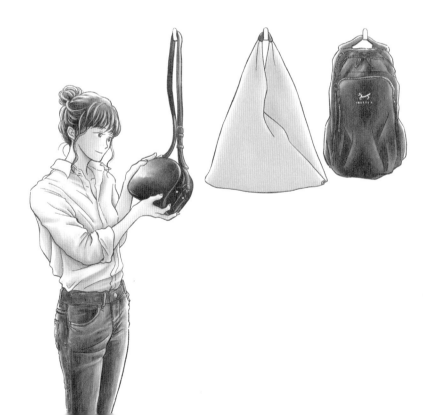

不需要放棄喜歡的東西
也能極簡生活

大家好，我叫ofumi。某一天我看著家中雜亂的景象，下定決心營造極簡生活，於是開始減少家裡的東西，從那天到現在已經過了四年。當時，我的生活周遭充斥著滿滿的物品，人生各方面都讓我感到十分沉重。

好不容易到了假日，我卻得先做完家事才能做自己想做的事，但這實在是項艱困的任務，所以往往一拖再拖，整個人躺在沙發上什麼都不想做，等到回過神來已經是傍晚時分，就這樣虛耗了一整天。每次我都會湧現一股深深的罪惡感，心想「今天又浪費掉了」。自從我減少了身邊的物品後，腳步便輕盈了起來。東西一少，不論是整理還是打掃都能輕鬆完成，所以我能快速做完所有家事，去做自己喜歡的事情。正因如此，我由衷希望能一直維持這樣的環境。

要是不多加留意，物品自然會不斷增加。光是走在路上就能看到許多吸引人的東西，也會拿到各種試用品，滑手機還會看到很多誘人的廣告。就算明白極簡生活具有相當大的好處，仍然抵擋不住心中的物欲。畢竟這些廠商紛紛使出渾身解數，展現自家產品的魅力，我們會湧現購買的欲望，或許是再正常不過的事。

所以，能否控制自己的物欲，就成為一項重要的課題。而這時，就要用到「定量化」的技巧。只要特別留意物品的數量，便能防

止東西不斷增加。舉例來說，如果我規定自己同樣用途的包包只能擁有一個，當我看到一款類似的包包而心動不已時，就會叮囑自己「這種包包我已經有了」。定量化能幫助我們用冷靜的心態檢視購買欲望，預防一度減少的物品再次增加。

只要將物品固定在一定的數量，就能消除莫名的購物欲，不再感到「這個和那個我都沒有」，也不會再反覆購買好幾個類似的東西。如果能縮減物品的數量，便能提高單品的購買預算，購物時也會變得更謹慎，最後買下的，自然會是自己真正喜歡的東西。除此之外，也不會因為物品太多，而把東西壓在成堆的小山下。物品管理起來變得更簡單，再也不需要浪費時間找東西，搬家也變得更輕鬆。而且，只需要很少的空間擺放物品，因此還有降低房租預算的效果，於是居住環境的選擇也就跟著增加了。

打造輕盈的空間，並不需要放棄自己喜歡的東西。重點在於有所節制，既不需要丟掉喜歡的，也不任憑自己被欲望驅使而買個不停。只要對物品的數量加以留意，既能享受極簡生活的好處，又能過得開開心心，不妨試試看吧！

你是否希望精簡家中物品，卻不知道到底該保留幾個呢？是否總因為衝動購物而懊惱不已？或是曾一度減少家中物品，卻又再次恢復原狀了呢？本書能幫助各位解決以上的煩惱。

CONTENTS 目錄

Chapter. 1 | 採取定量化後，
家裡變得清爽又整潔

Chapter. 2 | 定量化你的物品

Chapter.3 定量化你的衣服

Chapter. *4* 不讓物品增加，省下無謂的浪費

Chapter. *1*

採取定量化後，
家裡變得清爽又整潔

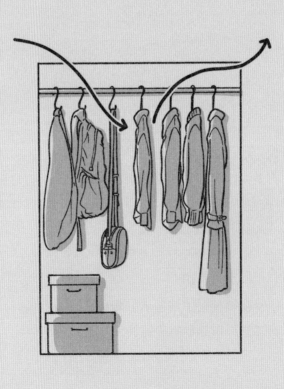

開始留意
物品的數量

從前不會特別留意物品數量的時候，我總是同時擁有好幾個類似的東西。其實人的喜好變化不大，所以要是沒特別注意，就很容易買下一樣的東西。拍攝廣告的專家與店家都很厲害，會把商品擺成特別吸引人的模樣，讓我們在不知不覺間，受到物欲擺布而衝動買下喜愛的東西。

怎麼都是
一樣的包包……

不同用途的包包
各留1個就好

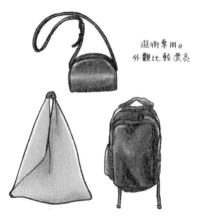

逛街專用。
外觀比較漂亮

要帶比較多
隨身物品的時候

戶外運動、
需要帶電腦出門的時候

規定物品最多只能到某個數量，能有效防止我們受到物欲的控制。以包包為例，假如我們規定不同功能的包包只能各留一個，分別是講求美觀、外出用、戶外運動用等，當我們看到類似的包包而產生購買欲望時，就會意識到「我的包包已經夠了」。只要能控制物欲，當家裡的物品一度減少後，就不會再恢復成原本滿山滿谷的狀態了。

定量化與定額化

除了規定物品的數量之外，還有一個方法——規定數量額度的上限。某些類型的物品比較適合採取這種方式，例如：每本書的大小與厚度都不太一樣，因此要設立一個空間的上限，規定只能保留放得進這個空間裡的書。而指甲油和飾品也一樣，越是喜歡的東西就越容易買太多，這時只要設立一個上限就能買得有所節制。這麼一來，家裡的東西就不會繼續增加，可以維持清爽的空間。

定量化的物品

傘

防曬乳

包包

行動電源

定額化的物品

指甲油
（只要盒子裝得下）

飾品
（只要盒子放得下）

書
（只要箱子放得下）

餐具
（只要廚櫃放得下）

在我開始定量化之前，
家裡是什麼樣子呢？

幾年前的我，總覺得包包和衣服永遠不夠，原因在於我並不清楚自己需要多少、也不清楚目前到底擁有多少。每天早上總是不知道該穿哪件衣服，經常感到自己缺這個、少那個，所以就買了很多十分相似的東西。

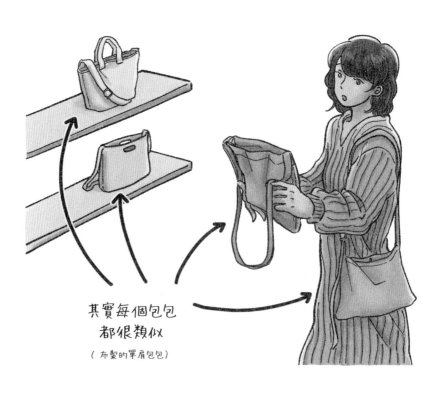

其實每個包包
都很類似

（布製的單肩包包）

家中堆滿類似的物品

家裡全都是類似的包包

我已經擁有很多顏色的帆布包包,卻連一個正式的包包都沒有。每當我要購買包包、考慮要買哪種類型時,總會有思考上的盲點。

明明家裡只有兩個人,卻擺著一堆椅子

我以為東西越多,生活就越多采多姿,導致家裡明明只有兩個人,卻擺了一堆家具,在打掃和維護上都非常麻煩。

決定採取
定量化的原因

我之所以會開始實踐極簡主義,是因為想讓人生變得更自由、更沒有束縛。東西一少,小坪數的房子就夠了,於是就有更多居住地點可以選擇。只要能縮減生活費,就能選擇自己喜歡的工作方式。不過,要是好不容易減少家中物品,卻又再次恢復原本堆滿東西的狀態,那就沒有意義了。當初我會決定採取定量化,就是希望家裡繼續維持清爽的狀態。

只要替物品的數量設立上限,就能防止受到物欲擺布

自從我規定自己只能擁有一個單肩包包後,當走在街上看到吸引我的單肩包包時,就能保持冷靜,叮嚀自己「這個我已經有了」。開始有辦法客觀的自我檢視,察覺自己是否又看上一個類似的包包。

要是不訂定上限，東西就會無止境地增加

從前的我，只要看到喜歡的書，就會立刻買回家。當書多到書櫃已經放不下的時候，就會添購新的書櫃。現在，我改成購買電子書，紙本書只留下還沒看完的書和經典大作，並規定家裡只能保留五個箱子分量的書。

無論何時都能輕鬆搬家

搬家時，書往往是一大麻煩，但如果平時就把書裝在箱子裡，搬家時只要直接搬整個箱子即可。家裡的物品越少，搬家的時候就越輕鬆。

考慮到萬一發生地震和水災的情況，決定減少家中藏書

現在每年出現超大豪雨的次數越來越多，但避難時帶得走的書寥寥可數，所以重要的書應該要以電子檔等方式另外備份。另外，要是家裡的藏書太多，地震時比較容易發生危險，所以我重新檢視家中藏書，盡量減少地震時可能會震落的物品。

採取定量化後，
獲得了這些好處

自從採取定量化之後，東西就不再無止境地增加，於是便能
維持寬敞的生活空間。東西一少，在維護和打掃方面都非常
輕鬆，自由時間也變多了。不只如此，甚至還能清楚得知「我
的東西已經夠了」，內心感到十分滿足。外出時也不會再衝
動購物，省下了無謂的開銷。

衣櫃裡全都是
喜歡的物品

由於我縮減了衣服與包
包的數量，因此會自然淘
汰掉不是那麼喜歡的東
西，只留下真正喜歡的。
降低物品的數量上限後，
就能提高購買每一件物
品的預算。於是，生活中
充滿了自己真正喜愛的物
品。

定量化的好處

一進一出，
不再增加東西的數量

舉個例子，當我決定白色的鞋子
只需要一雙後，便遵守一進一出
的規則，於是鞋子的數量就不會
增加了。

我已經有一個
很喜歡的包了。

只要明白東西夠了，
便能消除購物的欲望

要是以為自己還缺什麼東西，外
出時就會想買這個、想買那個。
如果能特別留意家中物品的數
量，就會清楚知道「我的東西已
經夠了」，不再衝動購物。

避免買下已經有的東西，
省下無謂的開銷

只要隨身攜帶一把傘，下雨時就不需要
臨時到便利商店買傘。行動電源和文具
也一樣。如果物品能維持一定的數量，
比較不會忘記帶東西，不用再買原本已
經有的，於是能省下無謂的花費。

定量化的方法

說起來，其實我並不是打從一開始就特地為物品訂定一個上限，而是在精簡家中物品的過程中，自然而然縮減了物品的數量。我先依照不同用途，保留各自所需的物品，一種用途留下一件物品，例如：外套類按照不同氣溫各保留一件。這麼一來，生活中就不會覺得缺少什麼。而鞋子和包包也都是一種用途留一件，雨傘則是留下一把折疊式的。各種清潔劑則各保留一份備用。縮減外套的數量上限後，購買新外套的預算也隨之增加，於是就能買到品質良好的外套了。

按照不同氣溫各保留一件外套

14℃   18℃   23℃

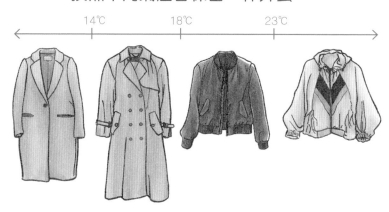

鞋子依照不同用途各保留一雙

| 較秀氣的球鞋 | 皮鞋 | 適合走很多路的鞋子 | 戶外運動專用 | 婚禮專用 | 喪禮專用 | 慢跑鞋 |

各留一份
清潔劑備用品

一人一支
折疊傘

如果包包
只留一個太少

就依照不同用途
各留一個包包

比起定量化，
有些東西更適合定額化

假如不制定一個上限，瑣碎的小型物品就很容易變得越來越多，因為人們往往會因為這些東西體積小而疏忽大意。書和飾品類的物品，與其採取定量化，倒不如限定擺放的額度（空間），管理起來會更容易。這些物品大小不一，數量也會不時變化。只要以收納器具的大小作為上限，規定「只能保留放得進這個空間裡的量」，便能確實控制物品的數量。

把書放在
個人專屬的空間

每一本書的大小與厚度都不一樣，而且，假如規定自己最多只能保留三十五本書，也沒辦法每天確實清點數目。所以，管理上不要以數量為依據，改成以空間為標準。替家裡每個人設立專屬的書籍收納空間，各自管理自己的書，不讓書籍超過規定的額度。

適合定額化的物品

很難每天從頭到尾
數一遍的東西

書本的數量很難每天從頭數一次,再加上難以單純用數量看出占了多少空間,所以管理上適合以額度為依據。

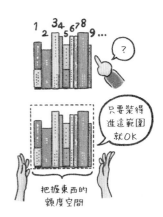

大小不一的物品

指甲油和飾品的大小各不相同,書的厚度也不一樣。雖然這類物品的形狀不一,但只要裝入固定的容器裡,管理起來也會方便許多。

小東西適合採取定額化,
放到箱子裡看起來也清爽

書不適合直接放在開放空間,裝入收納器具,視覺上會比較清爽,因為這樣能遮住五彩斑斕的書背和雜亂的文字訊息。而且,收進收納箱裡就不會積灰塵,也很方便挪動位置,打掃起來比較容易。

　　我們家是用附蓋的收納紙箱裝書。老公的上限是三箱,我則是兩箱。一旦超過這個額度,我們就會選擇賣給二手業者或是捐出去。

定額化的方法

直接把指甲油放進盒子裡

由於指甲油瓶罐的大小不一,所以我固定把指甲油裝在透明收納盒裡。只要裝得下就好,可以享受不同顏色與樣式的樂趣。

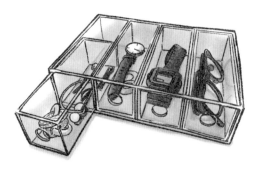

飾品保留兩格抽屜的量

我們家的飾品固定放在壓克力的小物收納盒中,每個人只保留兩格抽屜放得下的量。左半部是我的飾品,右半部則是老公的。

餐具直接放進
圓形收納櫃

我們家不用一般的廚
櫃，改成把餐具放在圓
形收納櫃裡（這種櫃子
原本應該是用來放小
東西的）。自從採取定
額化之後，我就改掉老
是愛在外面亂買餐具
的習慣。

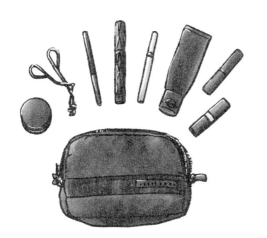

直接把化妝品
收進化妝包

市面上的化妝品功能多
到眼花撩亂，讓人看了這
個也想要、那個也想買。
但只要規定化妝品只保
留放得進化妝包的量，即
使走進化妝品專櫃，內心
也能保持冷靜。

還有一招
定色化

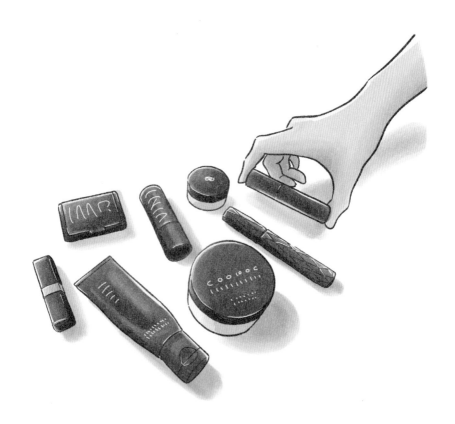

此外，我還用了「定色化」，規定自己只買相同色系的物品，這樣
東西看起來就會很清爽。只要決定了化妝品要黑色、毛巾要藍
色、小工具要紅色，等到要添購新物品時就能當作挑選的標準，
減少猶豫不決的情況發生。

毛巾

毛巾的顏色統一在深藍色和靛藍色之間。只要統一物品的色系，整個空間就會顯得很整齊，尤其是那些不放在收納器具裡的物品，採用這個方法能得到特別顯著的效果。

化妝品

一旦視覺上清清爽爽，心情也會跟著平靜下來。把容器的顏色也當作挑選化妝品的要素之一，購買時就不會再猶豫不決了。

衣架也要統一

我們家衣櫃裡的衣架，統一用鋁製衣架。如果衣架的形狀統一，排在一起就顯得很整齊。即便衣服數量沒有減少，光是使用相同的衣架，看上去就變得整齊不少。

數量是0的東西

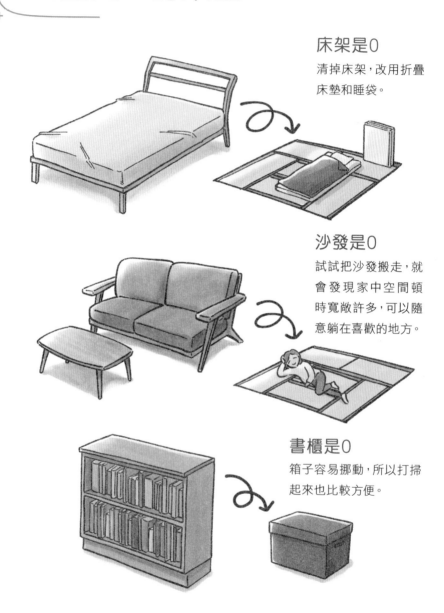

床架是0
清掉床架，改用折疊床墊和睡袋。

沙發是0
試試把沙發搬走，就會發現家中空間頓時寬敞許多，可以隨意躺在喜歡的地方。

書櫃是0
箱子容易挪動，所以打掃起來也比較方便。

飯鍋是0　　　　　　　改用砂鍋或煮飯杯

廚櫃是0　　　　　　　塑膠容器是0

飯鍋用不到的時候，還是得擺在外面占空間，所以煮飯的器具改成用砂鍋或
煮飯杯，這樣就能收進櫃子裡了。廚櫃也是0，改成專門裝小東西的櫃子裝
餐具，這種櫃子很輕，搬家時也比較輕鬆省事。而塑膠容器的數量也是0，改
用夾鏈袋或盤子存放食物。

定量化
改變了我的人生

從前家裡充斥著大量物品時，每到假日我都希望能先打掃好家裡再出門，但這實在是項艱鉅的任務，所以最後往往就窩在沙發度過了一整天的時光。每次我都會湧起一股深深的罪惡感，心想「今天又浪費掉了」。當時的我，不管做什麼事都提不起勁，人生始終停滯不前。

自從開始減少家中物品後，三兩下就能把家裡打掃完畢，於是很快就能出門，增加了許多屬於自己的時間。定量化，能讓家裡的物品維持在很少的狀態。只要特別留意物品的數量，就能輕鬆享受輕盈自在的極簡生活。

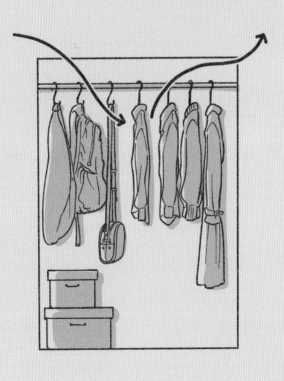

Chapter *2*

定量化你的物品

雨傘
一人一把

折疊傘是90公克，輕到讓人
甚至忘記自己有帶傘。

我們家規定雨傘的數量是一人一把折疊傘。小巧輕便的傘，任何包包都裝得下，因此能隨身攜帶，這麼一來就不需要臨時買傘了。即使氣象預報顯示是晴天，我還是會攜帶雨傘。對我來說，隨身帶傘就跟隨身攜帶錢包和手機是一樣的。

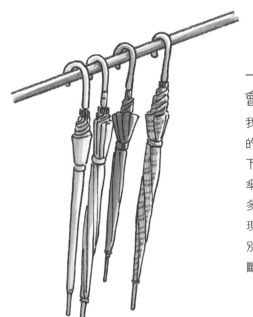

一般的生活方式
會讓雨傘不斷增加

我老家的雨傘總是家中人數的好幾倍。因為每當出門遇到下雨,就會到便利商店買把傘,於是家中的雨傘就越來越多。以前我覺得這是很正常的現象,後來發現,其實只要特別留意便能有效防止雨傘不斷增加。

準備輕便的小傘＋傘套,
雨天時就不會把傘忘在店裡

下雨天淋濕的傘不能直接放進包包,所以搭電車或走進店裡時會把傘放在一旁,結果就很容易不小心忘記帶走。因此我也會隨身攜帶防水或吸水材質的傘套。多虧了傘套,到現在我從來沒掉過傘。

不同用途的
自動鉛筆各一枝

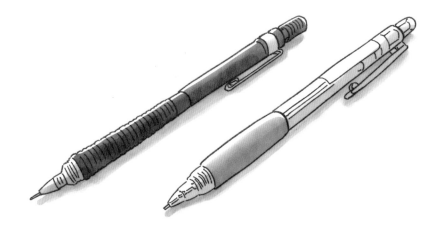

四年下來,我們家的自動鉛筆一直都只有兩枝,各自適用
不同粗細的筆芯。左邊是0.7mm,用來在畫畫時打草稿,
右邊的是0.5mm,用來寫字或描繪細節的部分。

我的自動鉛筆收納方式

我將自動鉛筆收在客廳的
茶几抽屜。由於我幾乎每天
都會用到自動鉛筆，使用頻
率很高，所以選擇放在容易
取得的地方。

我只有在記事本上寫插
畫日記時，才會用到自動
鉛筆，所以把自動鉛筆和
記事本收在一起。

剪刀也是不同用途各一把

我們家有一把剪紙用的剪刀，和一把裁縫
用的剪刀。當家裡只有兩名成員時，其實
用到剪刀的頻率不高，所以我們把不同剪
刀收在同一個地方。

電視
一家一台

現在這個時代，家家戶戶已經普遍成一個房間有一台電視，但我們家偏偏反其道而行，家裡只有一台電視。有一段時間我們曾經嘗試過著沒有電視的生活，結果發現家裡放一台電視比較剛好。

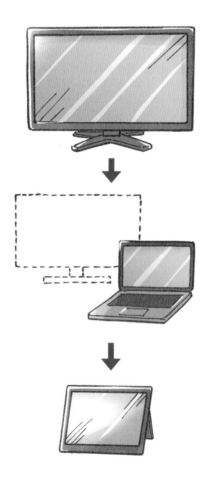

大型電視
打掃不易

42吋的電視，光憑一個人是搬不動的，而我們一天只看一小時電視，但打掃所花費的心力卻大到不成正比，於是便賣掉了這台電視。

家裡沒有電視
會有點不方便

我們曾經試過讓家裡沒有電視，用電腦收看電視頻道，卻在緊要關頭發生網路收訊不良的問題，導致錯過了關鍵的一幕。

攜帶型數位電視

我們為了觀看奧運比賽，且不受網路訊號強弱影響觀看品質，於是購買了一台攜帶型的小型電視。這種電視不需要額外用到電視櫃，也很容易清潔，令人十分滿意。

關鍵在於打掃起來是否容易

電視後面會積灰塵！

電視本身很重，光靠自己一個人搬不動，所以後面很容易累積灰塵。此外，大型電視還需要放在電視櫃上，挪動起來更加困難。

攜帶型電視方便清潔，也不用花工夫處理線路，而且不需要大型的電視櫃，想在哪看就在哪看。

椅子
一人一張

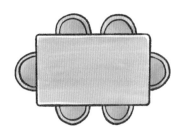

我原先認為椅子越多，生活就越多采多姿，導致家裡只有兩個人卻有七張椅子，打掃起來非常累人。後來發現，其實客人來訪時，大家只要待在和室就好了。所以家裡有幾個人就準備幾張椅子，於是改成一人一張。用吸塵器吸地板變得輕鬆許多，家事做起來更容易了。

怎樣的椅子最好呢？

我本身在家工作，很長的時間坐著寫字和畫畫，所以需要一張適合久坐的椅子。長時間坐在硬質的餐椅上，身體會感到痠痛；而露營用的折疊椅，在畫畫時會晃動。我理想的椅子是久坐不痠痛，且坐起來很穩固的款式。

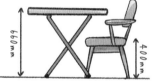

660mm

400mm

我希望一張椅子有多種用途，所以選擇了能兼具餐椅、工作椅與放鬆休息的椅子，高度稍微偏低。既適合工作，坐起來也很舒服、享受。

現在使用的椅子附有扶手，坐起來輕鬆愜意。椅面很寬，久坐時可以變換多種姿勢；椅背附有襯墊，長時間坐著也不會感到疼痛。由於椅背的高度偏低，因此家中空間也顯得較寬敞。

寢具
一人一套

我們家以前準備了好
幾組專門給客人用的
寢具，但現在一套都沒
有了。要是有客人來家
裡過夜，我們會選擇向
業者租借寢具。

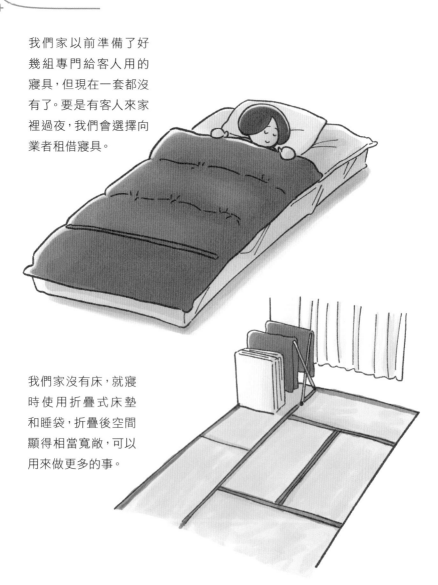

我們家沒有床，就寢
時使用折疊式床墊
和睡袋，折疊後空間
顯得相當寬敞，可以
用來做更多的事。

寢具的變化

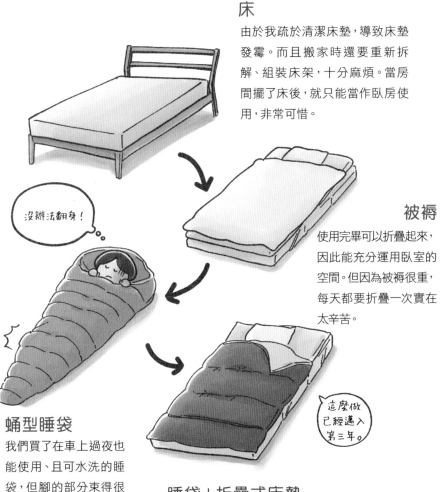

床

由於我疏於清潔床墊,導致床墊發霉。而且搬家時還要重新拆解、組裝床架,十分麻煩。當房間擺了床後,就只能當作臥房使用,非常可惜。

沒辦法翻身!

被褥

使用完畢可以折疊起來,因此能充分運用臥室的空間。但因為被褥很重,每天都要折疊一次實在太辛苦。

這麼做已經邁入第三年。

蛹型睡袋

我們買了在車上過夜也能使用、且可水洗的睡袋,但腳的部分束得很緊,沒辦法翻身,不適合經常使用。

睡袋+折疊式床墊

信封型睡袋有足夠的睡眠空間,水洗式材質也能常保潔淨。而空氣床墊重量很輕,每天折疊十分輕鬆。

毛巾
定色化

現在我們家的浴巾顏色，統一在深藍色到靛藍色之間。從前家裡的浴巾混雜著多種品牌、顏色與尺寸，看起來雜亂無章。而毛巾的擺放是採取「展示收納法」，自然希望看起來能清清爽爽，於是便統一了毛巾的色系。

講究尺寸、選擇可剪裁的毛巾

一般的毛巾 80cm×33cm
大毛巾 100cm×34cm
一般的浴巾 125cm×60cm

我們家把大毛巾當作浴巾使用。因為浴巾尺寸太大不容易乾，一般的毛巾用來擦身體又嫌太小條，而大毛巾尺寸居於兩者之間，既方便擦拭身體也容易乾。我們至今已經用了整整四年，毛巾依然柔軟不硬化。

洗手台的擦手毛巾，則使用可剪裁的有機混棉毛巾。這種毛巾可用剪刀自行裁切，淘汰後可剪成適當大小當作抹布使用。

替書本
決定額度

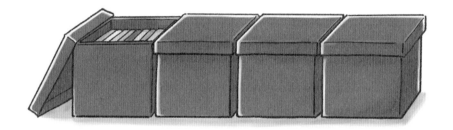

以前我一看到喜歡的書就會直接買下,完全不會考慮書
櫃是否有足夠的空間擺放,等到空間不夠了,再添購新
的書櫃。但書櫃既占空間又難打掃,搬家時更是麻煩。
現在我只保留還沒看完的書,以及特別想要的紙本書
籍,裝在附蓋的收納紙箱裡。目前老公的書以三箱為上
限,我則是兩箱。

書本的管理方式

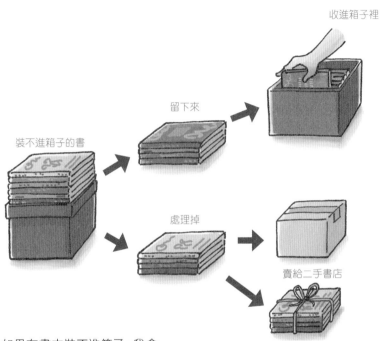

收進箱子裡

留下來

裝不進箱子的書

處理掉

賣給二手書店

賣給廢紙回收業者

如果有書本裝不進箱子，我會決定要留下或是處理掉。這時我會重新檢視箱子裡的書籍，假如想要以紙本形式繼續保留下來，就會收進箱子裡。如果決定處理掉，就會賣給二手書店或轉送他人，雜誌則會賣給廢紙回收業者。

當書本滿出箱子時，我會重新檢視這些書本。

衣服
定額化

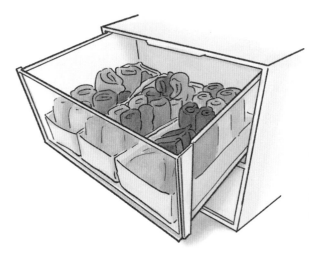

我們家用PP收納盒裝衣物,一個人以一個抽屜的分量為上限。每格抽屜用三個不織布分隔袋區隔空間,並以這個空間規定襪子和貼身衣物的上限。

襪子

襪子直接放進一個不織布分隔袋裡,春夏和秋冬準備不同的襪子替換。

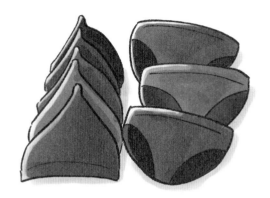

內衣褲

內衣褲直接放進一半的不織布分隔袋裡。顏色集中在黑、灰和藍色系，這樣一來，即使購買不同品牌的內衣褲，內衣與內褲的顏色也能配在一起。

穿到起毛球後就要換新的

無袖背心

背心會根據外衣挑選適合的顏色搭配，因此基本上會準備兩件黑色、兩件白色、兩件彩色或有圖案的背心。

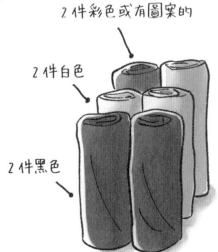

2 件彩色或有圖案的

2 件白色

2 件黑色

餐具
也定額化

以前我們家都用體積龐大的廚櫃,但某次趁著搬家的機會,以圓形收納櫃取代了原本使用的大型廚櫃。餐具只保留放得進去的量,放不下的全部轉送給別人。

丼飯碗適合裝麵和咖哩。

我老公長期執行不吃碳水化合物的減肥法，因此家裡只要一個飯碗就夠了。

適合用來盛裝菜餚。產自湯町窯。

這種碗也是用來裝菜餚和甜點。碗的內側是藍色，看起來很有宇宙的感覺，每次使用心情都會很雀躍。產自出西窯。

用木碗裝湯，湯喝起來感覺更加可口。

我們家的用餐習慣是事先分配好個人的餐點，所以經常使用較大的盤子。一個人吃飯的時候，一定都會用到的盤子。

一人一個的小盤子。

木盤會適當吸收麵包的水分，讓麵包變得更美味。

需要用到各種沾醬時，便是小碟子大顯身手的時候了。

杯子不必成雙成對

自從我們實行極簡主義後，老公開始會幫忙洗碗了，雖然這是一件值得高興的事，但他的專長就是打破餐具，於是我們家成對的餐具變得越來越少。因此，平常都是直接使用現有的杯子，不會特別講求杯子要成雙成對。

現在我們成對的杯子只剩下錫製的平底圓杯，而陶製和玻璃製的杯子全都只剩單個。即使如此，只要好好享受各種不同的設計，就能學會靈活變通了。

適量的調理器具
可以提升做菜的意願

一個調理器具就能讓做菜變得更方便。我們希望能把調理器具縮減到最少，但也不想影響做菜的便利性。因此便以瓷製的廚房工具架為限，只要放得下就保留。

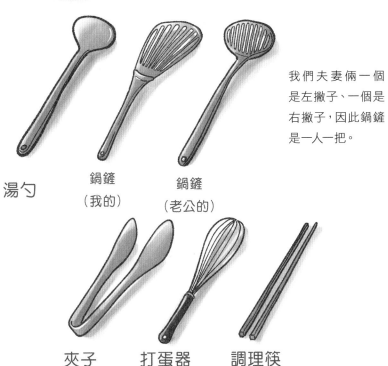

我們夫妻倆一個是左撇子、一個是右撇子，因此鍋鏟是一人一把。

湯勺　　鍋鏟（我的）　　鍋鏟（老公的）

夾子　　打蛋器　　調理筷

DVD只留下
老了還想看的

基本上，我們家都是上網聽音樂和看電影，因此沒有收藏CD和DVD的
習慣，只會購買最愛的樂團演唱會DVD，和老的時候還想再看、特別喜
愛的電影。「等到幾十年後電視不再播放這部電影時，我絕對會想再重
看。」我只會收藏讓我有這種想法的作品。

我加入了影音平台的會員，即使在路途上也能用智慧型手機、平板電腦或筆記型電腦觀看影片，十分方便。

近幾年我已經沒有在特定日期、特定時間，坐在電視機前的習慣，我喜歡在自己方便的時間觀看節目，因此平時都利用影音平台的服務。

各種數量為０的物品

有些物品雖然一般家庭都有，但只要用不到就不需要保留，因此有些東西的數量可規定為０。像我們家就沒有塑膠製的食物保存容器，改用夾鏈袋和盤子盛裝。

我們家沒有沙發和茶几，再也不用花費心力清潔椅墊和椅背。

當我們把沙發撤掉後，發現家裡任何地方其實都可以隨意臥坐。家具一少，
打掃起來也變得更容易，家裡變得更寬敞，空間的用途也更多了。

飯鍋也是0

我老公已經實行不吃碳水化合物減肥法好幾年，因此我們家煮飯的次數和從前相比大幅減少。雖然使用頻率很低，但飯鍋不用的時候也不能收起來，所以就乾脆丟掉，改用砂鍋或煮飯杯煮飯。結果發現廚房顯得清爽許多，打掃起來也更容易了。

用砂鍋煮出的鍋巴非常好吃，我也變得更常做什錦飯。

由於飯鍋要插電，因此不用的時候也不能收起來，很占空間。但如果使用砂鍋煮飯，不用時就能收進廚櫃裡。

不用的時候
可以收起來

當我想要快速煮飯、不想開火的時候，會用煮飯杯。只要微波七分鐘再燜十分鐘就完成了。

只保留
四種家電的原因

烤箱

雖然瓦斯爐也可以用吐司烤網替代烤箱的功能，但是卻要時時緊盯火候，為了省時便決定使用烤箱烤吐司。

微波爐

之前有次微波爐壞了，我們趁這機會體驗了沒有微波爐的生活。結果發現微波爐是吃微波食品和用煮飯杯煮飯不可或缺的，所以又重買了一個新的微波爐。

攪拌機

自從有了攪拌機後，就能輕鬆製作果昔和蔬菜濃湯。

熱水壺

我們家一天會泡好幾次茶，所以熱水壺對我們來說是必需品。要是丟掉就沒辦法泡茶了。

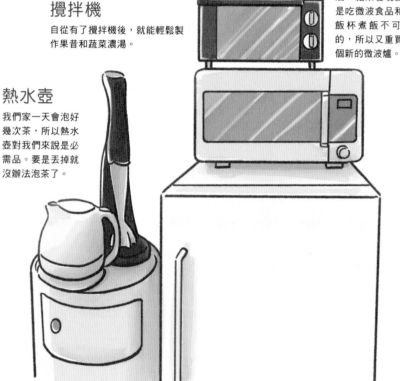

以前我們家還有飯鍋和家用烤麵包機，但後來因為實在太少使用便送人了。基本上，家電都得直接擺放著，不能收起來，所以我只保留真的很常用的家電。

保留五樣烹調鍋具

一般來說，大的工具可以代替小的使用，但做日式煎蛋時還是要用專門的鍋具比較輕鬆，因此這規則未必適用於烹調鍋具上。我們應該在不降低烹調意願的情況下，盡可能縮減鍋具的數量，找出適合自己的最小值。

備用清潔劑
只需要一份

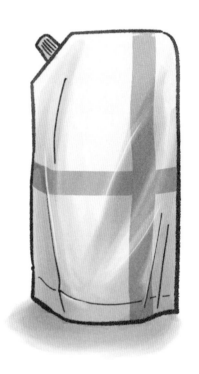

像是清潔劑、洗髮精、牙膏之類的清潔用品,從前看到特價就會買回家囤積,結果忘記備用品到底放在哪裡、買了幾個。如果備用品的數量很少,就不需要很大的放置空間。現在我們家的規則是現在這個用完後,才買一份新的備用,這樣就不會不小心買太多。

洗頭、洗澡、洗手，一瓶搞定

洗髮精　　　　沐浴乳　　　　洗手乳　　　浴缸清潔劑

統一使用多效合一的
清潔用品

從前我認為清洗不同區域就該使用不同的清潔用品，因此會購買洗髮精、沐浴乳、浴缸清潔劑等各種清潔用品。但後來發現，其實只要使用多效合一的產品，一瓶就能包辦所有地方的清潔，於是便統一使用布朗博士潔膚露。這樣就不會有許多瓶瓶罐罐，家裡不用擺放五花八門的備用品，也有節省空間的效果，購物的頻率也下降了。

不管旅遊幾天，
旅行用的毛巾都是一人一條

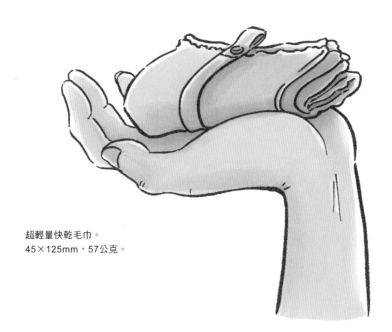

超輕量快乾毛巾。
45×125mm，57公克。

快乾毛巾乾燥的速度很快，擦拭剛洗好澡濕淋淋的
身體後，只需要一個小時的時間便幾乎全乾。不管旅
遊要過夜一晚還是十晚，只需要一條毛巾即可，大幅
降低旅遊攜帶的行李重量。

我的使用方法

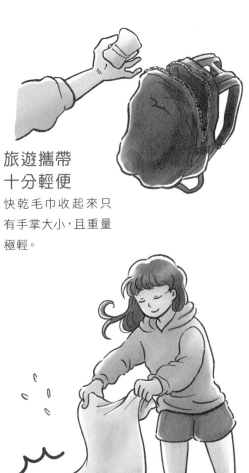

旅遊攜帶
十分輕便

快乾毛巾收起來只
有手掌大小,且重量
極輕。

蓋在臉上預防曬傷

用帽子夾著、蓋在頭上,
便能有效遮蔽陽光。可當
作大方巾來使用。

快乾

只要像打空氣一樣用力
甩出咻咻的聲音,就能充
分甩出水,馬上變成半乾
的狀態。

眼鏡
要三副的理由

配戴隱形眼鏡時使用
沒有度數／抗藍光

出門用&清楚分辨顏色專用
有度數／無抗藍光功能

在家工作用
有度數／抗藍光

我會根據當天的行程規畫,決定是否配戴隱形眼鏡,所以需要準
備沒有度數和有度數的抗藍光眼鏡。而畫畫上色時需要看清楚
各種顏色,因此需要一副沒有抗藍光的眼鏡。每個人所需的眼鏡
數量,會因視力和生活型態而異,請找出適合自己的眼鏡數量
吧!

我會先用iPad畫畫，再用筆電打文章，幾乎一整天的時間都在看螢幕，要是沒戴抗藍光的眼鏡，整天下來眼睛會很疲勞。

每副眼鏡都裝入眼鏡盒，收進枕頭旁的小袋子裡。早上再根據當天的計畫選擇適合的眼鏡配戴。

如何處理舊眼鏡

有些眼鏡行設有眼鏡的回收箱。此外，有些公益團體也接受民眾捐贈眼鏡。

吸塵器
只需一台輕便的款式

我從前最討厭做的家事就是吸地板。因為吸地板要不斷挪動家具,也要一直拔下插頭插到不同的插座,還要在樓梯爬上爬下,做起來極度耗費體力。但自從家裡換成輕巧的無線吸塵器之後,吸地板頓時變得好輕鬆,也能清楚看到地板變得乾乾淨淨,讓我終於感受到打掃的喜悅。現在用吸塵器吸地板,已經變成我最喜歡做的家事了。

無線吸塵器的便利之處

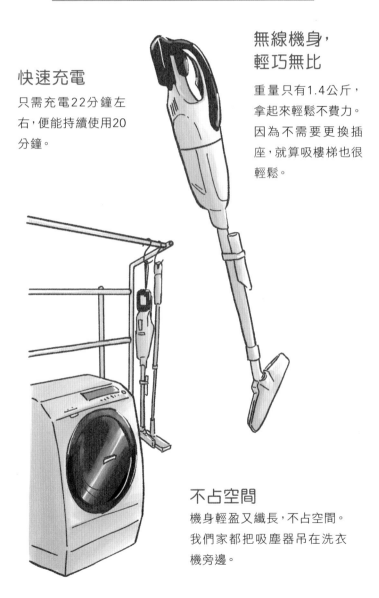

無線機身，輕巧無比

重量只有1.4公斤，拿起來輕鬆不費力。因為不需要更換插座，就算吸樓梯也很輕鬆。

快速充電

只需充電22分鐘左右，便能持續使用20分鐘。

不占空間

機身輕盈又纖長，不占空間。我們家都把吸塵器吊在洗衣機旁邊。

窗簾
只需一組

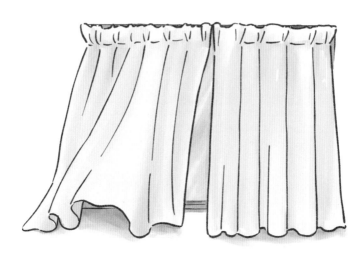

遮光窗簾

蕾絲窗簾

✗家裡有幾扇窗就需要幾組

有沒有窗簾兼具兩者的功能呢?

租屋族每次搬家都得重換一組窗簾,因為每間房子的窗戶尺寸不同。很多人會把遮光窗簾和蕾絲窗簾配成一組,但如果一副窗簾能兩用會更划算。有的遮光窗簾能滿足採光、隔熱和遮蔽物體的需求,這對經常搬家的人來說,實在是不可多得的好東西。可以自行清洗也是一大優點。

Chapter. 3

定量化你的衣服

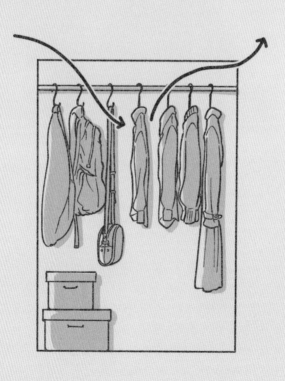

減少衣服數量後，
就會遇見真正喜歡的

從前我的衣櫃裡塞滿了大量的衣服，當時我總是不知道到底該穿哪件，因為大部分衣服都是因為便宜而買的，而且也不知道衣服究竟放在哪裡、總共有哪些衣服。自從我減少衣服的數量後，便再也不會為穿搭而苦惱。因為買每件衣服時，都會經過謹慎的挑選，所以所有的衣服都是真正喜愛的。於是，我變得會花心思保養衣服，並更加珍惜了。

以前我的物品都分散在不同地方,所以總是無法確定到底放在哪裡,常常重複購買類似的東西。只要把所有物品集中在一個地方,早上挑衣服就會輕鬆許多,也不會重複購買同樣的款式了。

因為東西很少,所以就有餘力保養物品。

東西一少,東西放在哪裡便一目瞭然。衣架上掛的全是喜歡的衣服,每當看到這些衣服心情都很好。

由於減少買的衣服,因此每件分配到的預算就會增加,於是我開始會精心挑選自己真正想要的衣服。

包包
只要三個就夠

曾經有段時間,我一度把包包縮減到只剩一個白色的帆布托特包,但考慮到不同的場合,這樣果然還是太少。於是我改成保留三個包包,分別是講求美觀、日常使用並擁有較大容量,與戶外運動用,以現在的生活方式來說,便足以應付生活所需了。

當我帶了較多東西時

我會使用托特包。當東西
比較少的時候，也可以把
鉤子勾上、將包包折起來
使用。網布材質重量極
輕。

當初我在尋找符合這類需求的包包時，設定的條件是重量很輕，大小放得下
12.9吋的手提電腦，顏色還要能搭配任何顏色的外套，最後找到的包包就是
這款。當時我穿著灰色的大衣試包包顏色，發現這款包包和大衣搭配起來簡
直完美，於是便立刻決定：「就是它了！」

當我穿得比較漂亮時

這款包包我會用來參加婚禮或前往高級餐廳用餐。既適合搭配漂亮的衣服，平時揹也很合適。

半月包。體積雖小容量卻意外地大，水瓶和折疊傘都放得下。

來看看包包裡面的東西吧！

我出門時的必需品是：裝有牙刷與唇膏的小型化妝
包、手機、行動電源、水瓶、錢包、折疊傘。而這款
小巧的半月包能輕鬆裝下這些物品。

戶外運動、旅遊、想攜帶筆電時

當初我在尋找符合這類需求的包包時，設定的條件是有筆電夾層且負重不變形，而最後決定的就是這款背包。參加大型戶外活動時，我會裝入折疊椅等行李，背帶也依然牢固。長時間揹著對身體也不會造成負擔，是這款背包的一大優點。

休閒背包。容量20公升，
3天2夜的旅行綽綽有餘。

3天2夜的夏日之旅，
我的包包裝了這些東西

筆電或iPad

迷你雜物包

旅行皮夾

旅遊書

衣物

化妝包

夏天旅遊要特別預防中暑，水瓶、扇子、鹽錠、折疊帽都是必備用品。錢包我也會準備專用的旅行皮夾，這款皮夾既輕薄又裝得下外幣。

平常穿的鞋子
只要四雙

全年

愛迪達的STAN
SMITH，白色皮
製，屬於外觀比
較秀氣的球鞋。

Church的
BURWOOD。

夏天

夏天幾乎每天都穿運
動涼鞋。

冬天

需要走很多路的日子，我
會穿上NIKE，這款鞋適
合各種天氣，因此旅遊時
我也會穿這雙。

特別用途的鞋子
各一雙

婚禮

因為婚禮專用的包包是黑色，所以特別挑選芥黃色的鞋子來做畫龍點睛的搭配。

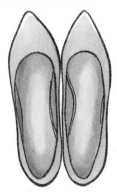

慢跑

網布材質的慢跑鞋，用來上健身房。

葬禮

參加喪禮或出差時穿。鞋底柔軟有彈性，久站也不會累，也很適合搭配禮服。

居住在不同地區，適合的鞋子也會有所不同。原本我住在一年當中下雪時間很長的北方，但自從搬家後，冬天的鞋子就變得完全不一樣了。原本我有三雙靴子，冬天時每天會根據雪的深度和場合選擇適合的靴子，但搬家後便丟掉了所有靴子。鞋子應該要根據當下的生活型態進行適當的調整。

如何依照不同場合
選擇鞋子？

當我在工作或參加祭典、聽演唱會等場合，穿著正式服裝時會選擇穿這雙鞋。這雙鞋搭配有顏色的襪子很好看，因此也很適合秋冬的穿搭。

由於這雙鞋是皮製的，因此給人比較秀氣的感覺，但同時又具有良好的耐震性。我經常用來搭配上班的服裝，尤其是當工作需要長時間站立的時候，總是會穿這雙鞋。也很適合在平時穿。

夏天我幾乎每天出門都穿這雙鞋,走好幾個小時也不會疲憊,因此非常適合穿去旅遊。繫帶設計,也相當穩固。

慢跑、健身房專用。重量很輕,帶去健身房輕鬆不費力。

擁有極佳的耐震性,因此久穿也不累。下雨天也能穿。雖然是高科技的鞋款,但由於是皮製,因此顯得頗為雅緻。和我現有的衣服都很好搭配。

夏天的便服
保留七套

我採取將便服制服化的方式,至今已經邁入第四
年了。一季三～四套衣服,像制服一樣輪流穿,每
天早上就不用煩惱要穿什麼。夏天則會增加到六～
八套。我的中心主旨是:「聚集今年想穿的、最精
華的衣服。」

考慮到洗衣服的頻率，因此總共需要有三件上衣。大眾運輸工具裡的冷氣都很強，所以一定要有一件輕便好攜帶的薄外套。至於下半身，只要準備一件黑色的寬版褲就夠了，既能搭配較淑女的服裝，也能用來進行戶外運動。而裙子和洋裝則根據當年的心情，購買特別想穿的款式。

夏日穿搭

當初買這件洋裝是為
了穿去婚禮，但其實
平時穿也很適合。搭
配不同的鞋子和包
包，就能塑造出淑女
與休閒等截然不同
的氛圍。

當我要出去比較久的時候,就會
選擇這樣穿。由於白色上衣可以
反射陽光,因此有降低體感溫度
的效果。

當我穿一身黑的時候,就用
襪子的顏色為整體穿搭畫
龍點睛。只要改變顏色便能
帶出完全不同的氛圍。

工作服購買不同顏色的
類似款式

從前還在公司上班的時候，我將上班服裝完全打造成制服的模式。每天穿的衣服設計都很類似，但特別使用深淺不同的服裝搭配，交替著穿，給人感覺就會和前一天大不相同。因此，早上完全不用苦惱如何穿搭。

冬天是毛衣，春
天和秋天是襯
衫，夏天則選擇
透氣材質的T恤，
並各自準備深淺
不同的顏色。

灰　　　　黑

白　　　　深藍

白色褲子容易
弄髒，所以選
擇一條灰色和
一條深藍或黑
色的褲子。

灰　　　　深藍或黑色

秋冬的衣服
保留十一套

冬天為了保暖而需要用到毛衣和大衣,因此衣服的
總數也會比其他季節多。不過,每年冬天的衣服約
十~十一件就夠了。

每件都能相互搭配

我平時會定期列出擁有的衣服清單，所以知道現在衣櫃裡
有哪些衣服。購買新衣時，我會考慮顏色是否能搭配現有
的衣服，所以每件上衣和褲子的顏色，都能互搭。

秋冬穿搭

入秋時日夜溫差大，這段
期間我會穿上開襟毛衣
保暖。

每年我都會準備一套紅
色毛衣，我很喜歡這種穿
搭方式。

灰色毛衣每年都適穿

灰色的毛衣和任何顏色的衣服都很好搭配,而且不論工作或私下都適穿,因此每年都是服飾店裡的基本必備款。我大概每兩年會買一件新的灰色毛衣,挑選自己喜歡的款式,淘汰掉原有的那件。

外套
準備適合不同天氣的款式

23℃以上

當氣象預報的白天溫度在23℃以上時，我會穿著輕薄的防風外套。能塞進小包包裡，大小也只有手掌大，方便隨身攜帶。

22℃以下

梅雨季和入秋之際，氣溫略低於23℃的日子，我會穿飛行外套。深藍色特別顯瘦，下半身穿任何顏色都很搭。

外套經常需要穿脫，不時得收進
包包裡或從包包拿出來，因此我
都挑選長度較短且不容易起皺
褶的材質。

大衣針對不同氣溫
各準備一件

14°C以下

冬天的衣服顏色往往偏暗，因
此大衣我特別挑選明亮的淺
灰色。我希望大衣能穿個五～
六年，所以挑選了設計簡單的
款式。

15℃以上

長版的風衣我預計要穿四年。
我的肩膀很寬，比較難買到合
適的風衣，但這款風衣採用連
肩袖設計，穿起來肩膀不會感
到僵硬，非常難得。

飾品要定額化

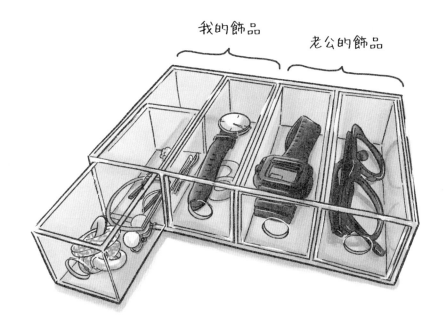

我的飾品

老公的飾品

我們夫妻倆的裝飾品全都裝在壓克力小物收納盒。配戴耳環時都依照當下心情挑選,但如果一看到喜歡的就立刻買回家,耳環便會多到滿出來,所以要規定一個上限。飾品是以收納容量而不以數量為上限,這麼做既能保留彈性空間,又能有效防止飾品不斷增加。

光是戴上耳環便能給人完全不同的印象。秋冬旅遊時我為了減少行李，衣服除了打底內衣之外，基本上都穿同一件，但我會帶兩副耳環。藉著改變耳朵，享受打扮的樂趣。

夏天則配戴硬式手環。當初我想找一個很難拿下、完全封住的手環，最後也真的找到了一個完全符合理想條件的手環。

我會先想好飾品的形狀與材質，一看到符合心中條件的商品時，就能立刻考慮是否購買。

將參加婚禮的服裝
制服化

以前我曾經有一次因為參加婚禮的賓客和之前是同一批人，於是很苦惱
是否該買一套新衣服，但後來領悟到，其實根本沒必要每次都穿不同的
衣服，於是我便把參加婚禮的服裝當成制服。

特別日子的配件

由於包包要放紅包、錢包、手機和護唇膏，因此我都選擇有厚度的款式，也會挑選適合搭配高跟鞋的顏色。

肩上披著帶有光澤的絲質披肩。冬天我不會穿開襟毛衣，而用披肩加強保暖。

我平常不穿高跟鞋，所以購買高跟鞋時特別注重鞋底是否柔軟。我買的這雙鞋，店員說是可以用來跑步的高跟鞋。

化妝品只保留一個化妝包裝得下的分量

選擇比較
小巧的款式！

選擇尺寸小巧
輕薄的產品

為了收進化妝包，挑選
化妝品時我很重視大
小。每當猶豫不決的時
候，就二話不說選擇比
較小的那一款。

統一外觀顏色

這樣能讓視覺上顯得清爽。就
算每個化妝品分屬不同品牌，
還是能統一外觀的顏色。

就是它！

雖然是黑色的簡約設計，
但是尺寸太大了

雖然小巧輕薄，
但是色彩太繁複了

雖然很輕薄，
但是色彩太過華麗

雖然我們不會因為產品的外觀符合條件，就勉強購買
不適合自己膚質的產品。但如果產品的外觀顏色不符
條件，或是尺寸太大放不進化妝包，就算用起來很順
手，我也不會買。我會不斷尋找外觀和功能皆符合需求
的化妝品，直到找到適合的為止。

定額化指甲油

我的工作需要長時間使用電腦，悉心修整指甲有振奮心情的
效果。雖然把指甲油精簡到只有一瓶也很不錯，但我不想壓抑
自己想替指甲做各種變化的欲望。不過，倘若買不停，指甲油
也會多到滿山滿谷，所以我採用和首飾相同的規定，以盒子的
空間為上限，只要放指甲油的塑膠盒裝得下就好。

Chapter. 4

不讓物品增加，
省下無謂的浪費

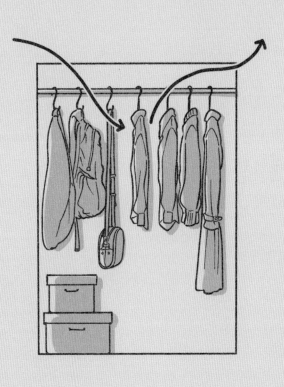

定期檢視
擁有的物品

2019.11/1～11/31

多出的東西
·灰色上衣
·小説3本·手工飾品
·人體模型
·潔膚露×2
·襪子3雙
·馬克杯

減少的東西
·淺褐色褲子
·指甲油
·項鍊
·鞋子

固定每個月一次,列出增加和減少了哪些物品,製成一份清單。倘若不特別留意,家裡的東西就會越堆越多。這就像是記錄減肥歷程一樣,透過書寫清楚掌握物品的數量。

記錄今天新買與丟了哪些東西。

怎麼記錄？

不管是用手機的筆記功能，還是使用紙本的記事本都可以。每當新買了什麼、跟別人拿了什麼或丟掉東西，便立刻記錄下來。一個月固定一次，把當月所有增加和減少的物品製成清單。看了這份清單後，肯定會發現哪些物品其實不應該買。

不拿多餘的東西

只要記錄過一次增加與減少的物品，心態就會大不相同。一旦記錄了物品的增減變化，便會發現「原來平時生活會增加這麼多東西」，於是，行為模式自然會出現改變。假如用不到便利商店提供的筷子就要直接拒絕，而路上發放的試用品與廣告面紙也一樣。在這一點一滴的過程中，物品增加的速度就會逐漸趨緩。

我不用湯匙。

不買寶特瓶裝的飲料

以前我每天出門都會花錢買水喝，後來發現這樣很
不划算，於是開始隨身攜帶水瓶。我選了一款任何
包包都裝得下的小巧水瓶。

隨身攜帶水瓶

輕薄水瓶。寬9.5×厚3.5×高19.5公分，就連半月包也放得下。

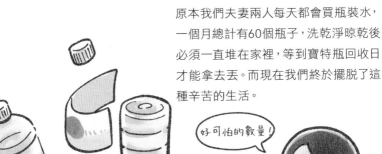

原本我們夫妻兩人每天都會買瓶裝水，一個月總計有60個瓶子，洗乾淨晾乾後必須一直堆在家裡，等到寶特瓶回收日才能拿去丟。而現在我們終於擺脫了這種辛苦的生活。

好可怕的數量！

不拿便利商店的湯匙

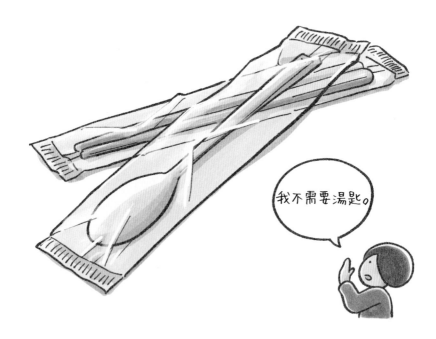

我不需要湯匙。

在便利商店買食物都會提供筷子和湯匙，但如果是買回家吃就不需要額外拿餐具，加上平時也沒有機會用到這些免洗餐具，所以我都會告訴店員不需要湯匙。要是老公拿了免洗餐具回家，我會當作清潔工具，用來打掃家裡。

不拿路上發的袖珍面紙

路上經常有人發放袖珍面紙，或許你會覺得「收下來不錯啊！」但其實要是平常不會攜帶面紙出門，就算放面紙在身上也不會用，所以等到需要時再買就好。假如一個東西是我平常不會用的，遇到有人免費發放我也不會拿。

我沒有攜帶袖珍面紙的習慣，所以如果老公從外面帶面紙回來，就會永遠堆在那裡、沒有人動它。想要用掉這些面紙，還得耗費一番工夫。要抽出袖珍面紙得用到兩隻手，但普通的盒裝面紙只要單手便能輕鬆抽取，因此我們往往會在無意識間使用盒裝面紙。所以，我們家會把袖珍面紙放在面紙盒的開口處，感覺像是擋住裡面的面紙一樣，提醒我們要先從上面的袖珍面紙開始用起。

不把飯店提供的
備品帶回家

最近連商務飯店也開始會提供泡澡粉，沐浴套組的品項可說是應有盡有。但如果這些用品沒當場用掉，回家後也幾乎不會再用，所以我都不會帶回家。

我在百貨公司拿到的防曬乳與保養品的試用包，會和化妝包放在同樣的地方，每天化妝時都會看到，便會確實用掉，不會放到忘記用。

導覽手冊和票根的處置

以前我都捨不得丟掉旅遊時拿到的手冊和票根，全部堆在壁櫥裡。但其實只有在旅行的時候，才會用到旅遊書和紙本地圖。因此每當旅遊回來後，我會把這些物件拍成照片，建檔保存起來留念，接著把所有的紙製品都丟掉。

至於參觀舞台表演時拿到的介紹手冊，則只針對觀賞完畢後印象特別深刻的部分，拍照起來建檔保存。美術展的票根也一樣，一拍完照就立刻丟掉。原本我是打算把這些票根貼在筆記本保存起來，但這項計畫始終只停留在腦海，從來不曾付諸實行，於是最後領悟到其實只要拍照就夠了。

不去換季特賣會

如果趁換季特賣會買特價衣服，很快就過了能穿的季節，而且喜歡的顏色往往也賣光了。我總是在兩個月前就買齊下個季節要穿的衣服，因此不會去換季特賣會。

何時買什麼衣服

10月 冬裝

大衣和較厚的毛衣

2月 春裝

長版衣服、襯衫、洋裝等

5月 夏裝

T恤和背心

8月 秋裝

針織罩衫、夾克、薄款毛衣等

手機電池堅守一個

不管背著多小的包包，我總是隨身攜帶一個行動電
源，避免忘記而臨時在外面買電池。對我來說，隨
身攜帶行動電源和隨身攜帶錢包及手機是一樣的，
出門前一定會清點每項必備物品。

不臨時買電池應急

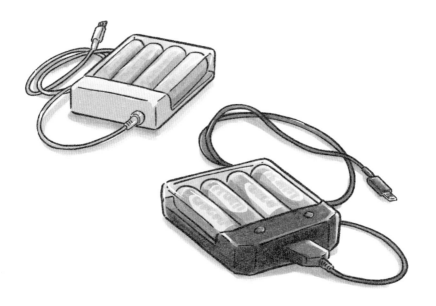

每當我忘記帶行動電源而非得臨時買電池時，都會懊悔的想「明明家裡就有了……」，但最後還是買了應急用的電池，結果家裡的櫃子就堆了許多備用電池。所以我會特別注意，避免忘記帶行動電源出門。

不再忘記倒垃圾

只要下載程式設定自己的居住區域，系統就會在倒垃圾的前一天或當天早上發出提醒。於是，我就會意識到「明天是倒不可燃垃圾的日子」，激發斷捨離的念頭。

斷捨離「記住哪天倒垃圾」

要一一記住哪天倒什麼垃圾實在是件很辛苦的事，但自從使用了會自動通知的程式之後，我再也不用辛苦記住哪天要倒垃圾了。

不用特別去記哪天倒垃圾。

明天是倒不可燃垃圾的日子，要好好來斷捨離一番了！

倒垃圾的日子就是斷捨離的時候

我設定系統在前一天晚上六點通知，當我一想到明天是倒垃圾的日子，便會湧現一股幹勁。尤其是不可燃垃圾，因此每到這一天我都會充滿幹勁進行斷捨離。

充分利用壁櫥

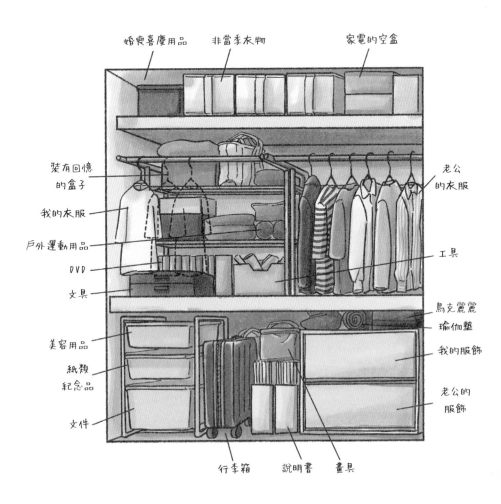

婚喪喜慶用品　　非當季衣物　　　家電的空盒

裝有回憶
的盒子

我的衣服

戶外運動用品

DVD

文具

美容用品

紙類
紀念品

文件

老公
的衣服

工具

烏克麗麗

瑜伽墊

我的服飾

老公的
服飾

行李箱　　　說明書　　畫具

運用壁櫥深處的空間

我們家除了書、廚房與盥洗類物品之外，幾乎所有物品都收進壁櫥，所以家裡不需要任何收納櫃，打掃地板時十分輕鬆。我們夫妻倆的衣服、文件、DVD、工具、充滿回憶的物品、戶外運動用品等，全部都放在壁櫥內。充分運用了壁櫥高處與深處的空間。

便利小物

前面是用來掛衣架的桿子，後面是置物架，可以充分運用壁櫥深處的空間。

這款抽屜的深度很夠，是活用壁櫥空間的好幫手。

不做的家事

之所以要讓家中物品保持在很少的狀態，主要目的在於減少清潔與維護
物品的時間，增加自己的時間。因此，能交給機器處理的家事，我就交給
機器做，至於那些沒必要做的家事，就乾脆不做了。例如：我買了有烘乾功
能的洗衣機，從此再也不用曬衣服；把床和沙發丟掉，從此再也不用費心
清潔；丟掉大型電視，從此再也不用清潔電視櫃。這麼一來，便大幅降低
了花在做家事的時間。

再也不準備多種菜色

以前我覺得準備主菜、配菜、湯品與主食都是應該的,於是每天做菜的壓力都很大。後來,發現其實只要做一碗什錦麵,加上一道配菜,就足以當作一餐。從此我再也不準備多到眼花撩亂的菜色,現在每天料理都變得好輕鬆。

家裡不做節慶感的布置

每個人對待節日的態度都不一樣,我認為節慶時布置環境,對於培養小孩的情操是不可或缺的,但現在我們家並沒有這個需要。假如每到七夕、萬聖節、聖誕節等節日都要特別布置,家裡不僅得置放許多物品,收起來的時間遠比拿出來的還長。現在我們家每到節日都不做任何裝飾,而是描繪應景的圖畫設成手機的待機畫面,或播放應景歌曲,用這樣的方式感受過節的氛圍。

送人美好的體驗

我認為想要的東西應該要自己買。送別人禮物時,不管再怎麼細心調查對方想要的東西,還是很難給對方驚喜。如果直接問對方想要什麼,對方有可能過一段時間就不會再用了。但因為是別人送的禮物,對方又會捨不得丟掉。因此我送人禮物,都固定送一場體驗或用得掉的東西。

我們夫妻間送對方生日禮物時,基本上都是送一場美好的體驗,大部分是請對方看電影或吃飯。朋友間送禮則是互送能用掉的東西,例如酒或點心禮盒等。

不勉強自己寫賀年卡

社群平台或電子郵件都能傳送賀年訊息,所以我現在都用這種方式向人祝賀。這麼一來,便不需要花費心力列印收件人的地址與管理通訊錄,可把這些時間省下來寫些個人化的內容。有些人喜歡彼此互送賀年卡的感覺,對於這樣的人我也願意配合,我會等到新年再回送賀年卡,既尊重對方也尊重我自己的做法。

關於交換日記

雖然我不會寄送賀年卡，但我持續和大學同學交換日記，到現在已經長達八年之久。每頁寫滿各自的近況，並可從中窺見對方的內心，十分有趣。

不送人情巧克力

從前我仿效公司前輩，會在情人節送男同事人情巧克力。但後來覺得只送男同事、不送女同事實在沒有道理，再加上準備起來非常麻煩，所以就乾脆不送了。

減少化妝步驟

我希望早上能快速完成出門前的準備工作，三兩下就出發。
我的目標是花五分鐘完成妝容，因此會想辦法盡可能減少步
驟，選擇不需要額外使用刷具的棒狀化妝品或主打快速完
妝的化妝品，便能確實提升化妝效率。

棒狀設計的優點

可以直接塗抹，不需要額外使用刷具和眼影棒，因此同時省下了清洗刷具的功夫，能有效節省時間。

可單手塗抹，只需一步驟。使用時手也不會弄髒，在忙碌的時候很方便。

放入化妝包時直接插入分隔袋即可，既不占空間，也很容易在化妝包裡找到想要的化妝品。

外出旅遊時帶更少化妝品

旅遊時行李越少越好，再加上我覺得旅行不需要化全妝，所以像蜜粉這種很占空間的物品，我就會留在家裡。

學會幾種
指甲油塗法的變化

我們每天都會看到自己的指甲，只要好好打理，便能為
生活帶來好心情。不過，要是每次擦指甲油時都要想個
老半天，不知道怎麼塗才好就太麻煩了。所以我學會了
幾種指甲油的塗法，每一種都很簡單。當指甲油剝落時
也很容易修補，每次按照順序輪流採取不同塗法。

不規則的橢圓

準備2、3個同色系的顏色,畫出橢圓形,最後再用金粉指甲油畫上橢圓形,疊在上面。採用這種塗法不需擦得很均勻,所以相當簡單。

灰色單色→前端擦上法式指甲,遮住剝落的指甲油

每當過了一段時間後,指甲前端的指甲油就會開始剝落。要是用同個顏色補起來會明顯看出是修補過的,所以每當前端剝落時,我會用金粉指甲油塗成法式指甲,輕鬆修補完成。

漸層

塗抹單色時要是塗得不均勻會很明顯,但使用漸層塗法就不會那麼顯眼了,因此塗起來輕鬆許多。當指甲前端的指甲油剝落時,只要再擦上一層就好,修補起來也相當簡單。

每當東西沒收拾妥當時，
我都會反覆在腦海裡整理

每當我看到一些暫時放在外面、打算稍後再收拾的東西，都會
在心裡不斷想像自己在整理，想著「這個要丟掉、那個要放到
抽屜」，便會感到有些疲憊，於是就乾脆動手收拾了。

鐵則是「經過時順手」

我的鐵則是：一發現有什麼髒亂，就馬上順手收拾。比方說，當我要去上廁所時，發現有襪子掉在地上會立刻撿起來，不會等到上完廁所再撿。這麼一來，我就不需要先想像自己在整理。而且，當我在家裡走動時，家裡也會變得越來越整齊。

國家圖書館出版品預行編目資料

包包只要三個就夠：定量‧定色，遇見真正喜歡的生活 / Ofumi著；
邱心柔譯. -- 初版. -- 臺北市：方智, 2019.11
　　128 面；14.8×20.8公分 -- (方智好讀；125)
　　譯自：バッグは三つあればいい
　　ISBN 978-986-175-536-6（平裝）
　　1. 簡化生活 2. 生活指導
192.5　　　　　　　　　　　　　　　　　　　108013504

www.booklife.com.tw　　　　　　　　reader@mail.eurasian.com.tw

方智好讀　125

包包只要三個就夠：定量‧定色，遇見真正喜歡的生活

作　　　者／Ofumi
譯　　　者／邱心柔
發 行 人／簡志忠
出 版 者／方智出版社股份有限公司
地　　　址／台北市南京東路四段50號6樓之1
電　　　話／（02）2579-6600‧2579-8800‧2570-3939
傳　　　真／（02）2579-0338‧2577-3220‧2570-3636
總 編 輯／陳秋月
副總編輯／賴良珠
主　　　編／黃淑雲
責任編輯／胡靜佳
校　　　對／胡靜佳‧陳孟君
美術編輯／林雅錚
行銷企畫／詹怡慧‧王莉莉
印務統籌／劉鳳剛‧高榮祥
監　　　印／高榮祥
排　　　版／莊寶鈴
經 銷 商／叩應股份有限公司
郵撥帳號／ 18707239
法律顧問／圓神出版事業機構法律顧問　蕭雄淋律師
印　　　刷／國碩印前科技股份有限公司

2019年11月　初版

BAGGU HA、3TSU AREBAII＿MAYOI GA NAKUNARU「TEISUKA」©Ofumi 2019
First published in Japan in 2019 by KADOKAWA CORPORATION, Tokyo.
Complex Chinese translation rights arranged with KADOKAWA CORPORATION,
Tokyo through CREEK & RIVER Co., Ltd.
Complex Chinese translation copyright © 2019 by Fine PRESS, an imprint of
EURASIAN PUBLISHING GROUP
All rights reserved.

定價 270 元　　　　　ISBN 978-986-175-536-6